BEI GRIN MACHT SICH IHR WISSEN BEZAHLT

AF130082

- Wir veröffentlichen Ihre Hausarbeit,
  Bachelor- und Masterarbeit

- Ihr eigenes eBook und Buch -
  weltweit in allen wichtigen Shops

- Verdienen Sie an jedem Verkauf

Jetzt bei www.GRIN.com hochladen
und kostenlos publizieren

Bibliografische Information der Deutschen Nationalbibliothek:

Die Deutsche Bibliothek verzeichnet diese Publikation in der Deutschen National-
bibliografie; detaillierte bibliografische Daten sind im Internet über http://dnb.d-
nb.de/ abrufbar.

Impressum:

Copyright © 2016 GRIN Verlag, Open Publishing GmbH
Druck und Bindung: Books on Demand GmbH, Norderstedt Germany
ISBN: 9783668299474

Dieses Buch bei GRIN:

http://www.grin.com/de/e-book/340196/preismanagement-strategische-analyseme-
thoden-und-corporate-identity-in

Philipp Jeutter

Preismanagement, strategische Analysemethoden und Corporate Identity in der Gesundheitsbranche

GRIN Verlag

GRIN - Your knowledge has value

Der GRIN Verlag publiziert seit 1998 wissenschaftliche Arbeiten von Studenten, Hochschullehrern und anderen Akademikern als eBook und gedrucktes Buch. Die Verlagswebsite www.grin.com ist die ideale Plattform zur Veröffentlichung von Hausarbeiten, Abschlussarbeiten, wissenschaftlichen Aufsätzen, Dissertationen und Fachbüchern.

Besuchen Sie uns im Internet:

http://www.grin.com/

http://www.facebook.com/grincom

http://www.twitter.com/grin_com

Deutsche Hochschule für

Prävention und Gesundheitsmanagement

Hermann Neuberger Sportschule 3

66123 Saarbrücken

Einsendeaufgabe

Fachmodul: Marketing 2

Studiengang: Fitnessökonomie

Datum

Präsenzphase   **18.01.2016 – 21.01.2016**

Name, Vorname: Jeutter, Philipp

Studienort: **Stuttgart**

Semester: **SS13**

Inhaltsverzeichnis

1   Preismanagement und Kooperationen

1.1   Preiselastizität der Nachfrage

Berechnung der Elastizität der Nachfrage:

Änderung der Menge= 7,7%

Änderung des Preises= 10%

En= Änderung der Menge in % Änderung des Preises in % = **-0,77**

Da die Elastizität der Nachfrage <1 ist, handelt es sich um eine unelastische Nachfrage, es erfolgt also nur eine schwache Reaktion der Nachfrager auf die Preisänderung.

Da eine unelastische Elastizität der Nachfrage vorliegt, ist eine Preiserhöhung lohnenswert und somit ratsam.

Ersichtlich ist dies, da trotz eines Mitgliederrückgangs um 200, eine Umsatzsteigerung von 129.870€ auf 131.880€ erbringen würde.

Die hohe Qualität der X&Y Health GmbH sorgt scheinbar dafür, dass nur wenige Kunden nach einer Erhöhung der Preise dem Unternehmen den Rücken kehren.

1.2   Preisbildung

1.2.1   Anlässe der Preisbildung

Markterschließung: Ein möglicher Anlass zur Preisbildung der X&Y Health GmbH kann, da der Gedanke im Raum steht, die Markterschließung sein. Zwar beschränken sich die Expansionsgedanken nur auf den deutschen Raum, dennoch will man mit vorhandenen Produkten neue Märkte erschließen.

Kostenveränderung: Da die geplante Expansion auch mit erheblichen Kosten für die X&Y Health GmbH verbunden ist und sich somit die Kostenstruktur des Unternehmens verändert, ändert sich somit auch der Preis, welcher in dieser Folge erhöht wird.

Die Ansoff-Matrix gibt vier mögliche Wettbewerbsstrategien vor:

- Marktdurchdringung

- Marktentwicklung

- Produktentwicklung

- Diversifikation

Falls die X&Y Health GmbH ihre Expansionsgedanken tatsächlich verfolgt, kann eine Marktentwicklung angewendet werden. Es werden hierbei neue Märkte erschlossen und die bewährten Produkte des Unternehmens verwendet.

1.2.2 Kostenorientierte Preisbildung

Im vorliegenden Beispiel der X&Y Health GmbH soll die kostenorientierte Preisbildung anhand des Zuschlagsverfahrens berechnet werden.

Das Zuschlagsverfahren wird in der Praxis häufig angewandt, da es einfach durchzuführen ist und zudem vor allem die Kosten bzw. den angestrebten Gewinn berücksichtigt.

Für das Durchführen des Zuschlagsverfahrens werden zunächst die Stückkosten berechnet:

Stückkosten = variable Kosten + fixe Kosten/Absatzmenge

Der zweite Schritt berücksichtigt nun den angestrebten Gewinn in %.

Der Preis pro Einheit wird geteilt durch 100%, abzüglich dem angestrebten Gewinn:

Preis mit Gewinnaufschlag = Preis pro Einheit/100% - geplanter Gewinn(in %)

Fixkosten pro Jahr 725.000€ = 60.416,67€ pro Monat

Geschätzte Mitglieder = 2.500MG

variable Kosten pro Monat = 10€ pro Person

Gewinnaufschlag = 25%

Stückkosten = 10€ + 60.416,67€ / 2500MG

$$= \underline{34,17€}$$

Preis mit Zuschlag = 34,17€ / 75% = $\underline{45,56€}$ (netto) + 19% = $\underline{54,21€\ (brutto)}$

Um den angestrebten Gewinnaufschlag von 25% erwirtschaften zu können müsste die X&Y Health GmbH einen monatlichen Bruttoverkaufspreis (Mitgliedsbeitrag) in Höhe von 54,21€ verlangen.

1.2.3 Konkurrenzorientierte Preisbildung

Bei der konkurrenzorientierten Preisbildung richtet das Unternehmen die Preise an denen der Konkurrenz aus, ohne dabei die eigene Nachfragesituation oder die eigenen Kosten zu berücksichtigen.

Man kann dabei entweder einen höheren, einen niedrigeren oder denselben Preis wie die Konkurrenz ansetzen.

Es wird entschieden, den aktuellen Preis von 49,95€ beizubehalten und somit einen höheren Preis als die Konkurrenz zu verlangen.

Da die X&Y Health GmbH die Nachfrageelastizität bereits ermittelt hat und diese als unelastisch berechnet wurde, geht man davon aus, dass man trotz dem preislichen Nachteil gegenüber dem neuen Konkurrenten nur einen leicht zu verschmerzenden Mitgliederschwund hinnehmen muss.

2 Strategische Analysemethoden

2.1 Five Forces-Modell nach Porter

Fitness First Germany GmbH:

Mitglieder: 270.000 (in Deutschland; Stand: 01.2016) (http://www.fitnessfirst.de/wer-wir-sind/)

Clubs deutschlandweit: +80 (http://www.fitnessfirst.de/wer-wir-sind/)

Kostenstruktur: Die Preise der Fitness First Germany GmbH unterscheiden sich je nach Art des Clubs und variieren zwischen 49,99€ und 129,99€. (http://www.fitnessfirst.de/mitgliedschaft/)

- **Verhandlungsstärke der Lieferanten:** Die Fitness First Germany GmbH ist einer der stärksten Bewerber am Markt v.a. in Bezug auf Premium Fitnessangebote. Die Verhandlungsstärke der Lieferanten hält sich daher in Grenzen, weil das Auftragsvolumen (beispielsweise für Gerätehersteller) sehr groß und damit enorm wichtig ist.

- **Verhandlungsstärke der Kunden:** Die Verhandlungsstärke der Abnehmer im Fitnessmarkt ist sehr stark, da mit Hilfe des Internets innerhalb kürzester Zeit die Preise aller umliegenden Fitnessstudios recherchiert werden können. Gerade im Premiumsektor ist es daher schwierig sich als Anbieter eine gute Verhandlungsposition zu erarbeiten.

- **Potenzielle Mitbewerber:** Gerade im Bereich des Discountbereichs ist die Stellung von Fitness First bedroht, da die Topdiscounter, wie beispielsweise Clever Fit oder MC Fit, in immer neue Märkte eintreten und einen deutlich günsigeren Preis anbieten.

- **Mitbewerber Rivalität:** Die Vielfalt auf dem deutschen Fitnessmarkt ist riesig. Das heißt es gibt viele Mitbewerber in allen Sektoren, von Discount bis Premium. Da die Fitnessbranche jedoch immer weiter wächst und Fitness First zu den Marktführern gehört, birgt dies auch einige Chancen. Die Aufgabe in diesem Bereich ist es, sich durch die Qualität und das Angebot weiterhin von vielen Mitbewerbern abzuheben.

- **Ersatzprodukte:** Die größte Gefahr für Unternehmen wie die Fitness First GmbH in diesem Bereich sind Onlineangebote. Diese werben häufig mit einem deutlich niedrigeren Preis und gleichzeitig weniger Aufwand, da das Training auch in den eigenen vier Wänden vollzogen werden kann. Fitness First hat jedoch bereits auf diesen Trend reagiert und bietet bereits ein eigenes Konzept mit online Kursen an.

2.2 Durchführung einer SWOT-Analyse

Stärken:

- **Angebot:**

  Die größte Stärke von Fitness First ist ohne Zweifel das breite Spektrum an Angeboten. Im Angebot stehen Kurse, Krafttraining, Cardiotraining, Freestyle Training (z.b. TRX) und Outdoor Training. Desweiteren besteht die Möglichkeit auf die Onlineangebote von Fitness First zurückzugreifen, sowie einen Personal Trainer hinzuzubuchen. Der Vorteil liegt hier in der möglichen Abwechslung für die Konsumenten, welche somit mehr Spaß und Erfolg beim Training haben und dem Unternehmen lange treu bleiben.

- **Marktanteil:**

  Fitness First zählt in Deutschland mit seinen über 80 Anlagen und ca. 270.000 Mitgliedern (weltweit über 1 Million) zu den größten Fitnessanbietern. Dies sorgt nicht nur dafür, dass sich Fitness First eine Vormachtstellung erarbeitet hat, es können zudem teilweise Kosten, wie beispielsweise Werbekosten, aufgesplittet werden.

- **Bekanntheitsgrad:**

  Die bereits erwähnte Vormachtstellung von Fitness First sorgt außerdem für einen hohen Bekanntheitsgrad. Fitness First hat somit Chancen auf die besten Mitarbeiter der Branche und hat zudem den Vorteil von Mundpropaganda.

Schwächen:

- **Unzureichende Betreuung**

  Verteilt man die 270.000 Mitglieder in Deutschland auf die derzeit 80 Standorte, so erhält man eine durchschnittliche Auslastung von rund 3.300 Mitgliedern. Eine zufriedenstellende Betreuung aller Mitglieder ist zu diesem Zeitpunkt kaum mehr möglich.

- **Angebot**

  Das breite Angebot stellt nicht nur eine Stärke, sondern auch eine Schwäche dar. Interessenten können schnell die Übersicht verlieren. Zudem kann sich das Unternehmen unmöglich auf alle Angebote spezialisieren und die Qualität aller angebotenen Leistungen stetig hoch halten.

- **Preis**

  Fitness First ist in allen Kategorien der Clubs ins obere Preissegment einzuordnen. Dies ist vor allem dann eine Schwäche, wenn in der näheren Umgebung eines Standortes ein Konkurrent mit derselben oder ähnlicher Leistung zu einem günstigeren Preis ansässig ist oder diesen Markt erschließt.

Chancen:

- **Professionalisierung**

  100% der Kettenbetriebe und 93% der Einzelunternehmen (Tusch, 2015) geben an Ihre Mitarbeiter im Jahr 2014 weitergebildet zu haben. Dies bietet Fitness First als Marktführer nicht nur die Chance gutes Personal verpflichten zu können, sondern vor allem auch mit professionell geschulten Mitarbeitern zu arbeiten und die Leistungen stetig zu verbessern.

- **Wachstum**

  Der DSSV prognostiziert ein Wachstum der Trainierenden in deutschen Fitnessstudios auf 12 Millionen bis zum Jahr 2020 (Tusch, 2015). Sollte es Fitness First gelingen seine Vormachtstellung zu wahren, so besteht die Chance mit diesen steigenden Mitgliederzahlen mitzuwachsen.

- **Betriebliches Gesundheitsmanagement**

  Laut der Prognose des DSSV wird die Anzahl der Firmen die BGM anbieten sprunghaft ansteigen (Tusch, 2016). In den kommenden Jahren könnte bis zu ein Viertel der Einnahmen der Fitnessstudios aus diesem Geschäftsfeld stammen.

Risiken:

- **Konkurrenz**

Mit dem Gesundheitsmarkt steigen nicht nur die Mitgliederzahlen sondern auch die Anlagen der Konkurrenten. 2014 war erneut ein Aufschwung von 1,1% auf 8.026 Anlagen (Tusch, 2015) zu verzeichnen. Damit steigt auch das Risiko Mitglieder an Mitbewerber zu verlieren.

- **Onlineangebote**

Durch die stetig steigende Anzahl an Anbietern von Onlineprogrammen steigt auch der Konkurrenzdruck für Fitness First. Das Risiko Mitglieder zu verlieren, die sich auf günstigere Alternativen wie Online Fitnessprogramme beschränken ist allgegenwärtig.

- **Unklare Positionierung**

Durch das bereits erwähnte breite Preisspektrum (von 49,95€ bis 129,95€) ist für den Verbraucher keine eindeutige Positionierung zu erkennen. Zwar gibt es eine Einteilung der Clubs, jedoch ist nicht ersichtlich wie stark welche Clubs vertreten sind.

2.3 Erstellung einer SWOT-Matrix

Tab. 1: SWOT-Matrix (eigene Darstellung)

	Chancen: Professionalisierung Wachstum Betriebliches Gesundheitsmanagement	Risiken: Konkurrenz Onlineangebote Unklare Positionierung
Stärken: Angebot Marktanteil Bekanntheitsgrad	- den hohen Marktanteil nutzen um Kooperationen mit bundesweit agierenden Firmen zu knüpfen - Bekanntheitsgrad nutzen um optimal vom Wachstum zu profitieren	- Weiterentwicklung und Verbesserung des eigenen Online Programms - Professionalisierung einzelner oder mehrerer Angebote um diese hervorzuheben und sich klarer zu positionieren
Schwächen: Unzureichende Betreuung Angebot Preis	- Professionalisierung weiter vorantreiben um die Betreuung Stück für Stück zu verbessern - Betriebliches Gesundheitsmanagement nutzen um Preisvorteile für Endverbraucher hervorzuheben	- Erschaffung eines absoluten Discountanbieters, der mit den Etablierten Discountern (z.B. MCFit) mithalten kann - Streichung von wenig verwendeten Angeboten um Struktur klarer werden zu lassen

3 Corporate Identity

3.1 Interview-Analyse

3.1.1 Überarbeitete Corporate Identity

Anzeichen für eine Überarbeitung der Corporate Identity:

- **Neuer Slogan:**

  Im Vordergrund der Anpassung steht die Kreation des neuen Slogans. Statt wie bisher „Ein gesunder Rücken kennt keinen Schmerz", lautet der neue Slogan: „Ja zu einem starken Körper." (Panzeri, 2014)

- **Die Farben:**

  Statt wie bisher mit Grau und Gelb wird künftig in erster Linie vor allem mit Blau in den Logos und der Werbung gearbeitet. Gelb wird gänzlich gestrichen. Es erinnere zu sehr an einen bekannten Discounter (Panzeri, 2014).

- **Image:**

  Des weiteren will man vom Image wegkommen, zu Kieser käme man nur wenn man krank oder alt ist (Panzeri, 2014).

- **Neue Zielgruppen:**

  Bisher hat Kieser Training einen hohen Bekanntheitsgrad vor allem in der Altersgruppe von 50-70 (fmi, 2014). Mit der Imageanpassung soll verstärkt die Zielgruppe der 30-50 Jährigen angesprochen werden (fmi, 2014).

- **Neue Werbekanäle:**

  Ganz neu bei Kieser ist mit der Überarbeitung der CI auch das werben über Social Media Plattformen (Panzeri, 2014).

- **Neues Werbesystem:**

  Ebenfalls neu gestartet ist die Möglichkeit der einzelnen Studios über ein Print-on-Demand System vorgefertigte Werbeelemente entsprechend anzupassen und günstig zu produzieren und zu platzieren (Panzeri, 2014).

3.1.2 Gründe für eine Neuausrichtung

- **Imagewandel:** Um beispielsweise nach einer Krise mit einem Neustart zu beginnen, kann die CI überarbeitet werden.

- **Neuausrichtung:** Bei Anpassung der Geschäftsfelder oder einer Neuausrichtung des Unternehmens wird ebenfalls häufig die Corporate Identity neu überarbeitet.

- **Zeitgeist:** Im Laufe der Jahre gibt es immer wieder neue Trends in der Werbung und im Markendesign. Gerade, wenn Firmen sehr lange am Markt sind, kommt irgendwann die Zeit, in der das Design oder die Farbe eines Logos nicht mehr aktuell ist und die Marke deshalb als veraltet gilt.

- **Abgrenzung:** Bei Ähnlichkeiten zu anderen Marken, ob im selben Geschäftsfeld oder nicht, gilt es sich von anderen Marken abzugrenzen und ggf. die CI zu überarbeiten.

- **Positionierung:** Ein weiterer Grund für eine Überarbeitung der CI kann die Überarbeitung der Positionierung im Markt oder eine Neupositionierung sein.

Ganz im Vordergrund bei der Überarbeitung der Corporate Identity von Kieser Training stehen Imagewandel und eine neue Positionierung.

So haftete Kieser bisher das Image an, dass man dort nur Mitglied wird, sofern man alt oder krank ist (Panzeri, 2014).

Mit der Neukreation des Slogans, „Ja zu einem starken Körper" (Panzeri, 2014) will man den ganzen Körper in den Blick der Verbraucher Rücken und sich nicht auf nur wie bisher auf den Rücken beschränken.

Zudem war Kieser Training bisher vor allem bei der Altersgruppe zwischen 50 und 70 Thema (fmi, 2014). Die Überarbeitung der Corporate Identity zielt nun darauf ab, vermehrt die Zielgruppe zwischen 30 und 50 Jahren anzusprechen (fmi, 2014).

Des weiteren war es für Kieser Training wichtig, sich von anderen Marken abzugrenzen.

Durch die gelbe Farbe in Logo und Design erinnerte man beim Verbraucher zu sehr an ein Discount-Fitnessunternehmen (Panzeri, 2014), von dem es sich dringend abzuheben galt, um einen drohenden Imageschaden abzuwenden.

Ein weiterer wichtiger Grund für Kieser Training die Corporate Identity zu überarbeiten stellte der Zeitgeist dar. Die Kommunikation einer Marke sind nicht mehr dieselbe wie bei der Firmengründung vor über 45 Jahren (fmi, 2014).

3.1.3 Weitere Unternehmen mit überarbeiteter CI

- **Volkswagen:** Erst kürzlich passte Volkswagen seinen Slogan in der Werbung an. Statt „Volkswagen. Das Auto.", erscheint nun nur noch „Volkswagen" (Viehmann, 2015). Als Gründe für die Anpassung nennt der Vorsitzende von VW die Tatsache, dass es nicht mehr nur um „das Auto" an sich ginge, sondern vielmehr darum, was der Kunde mit seinem Auto erlebt (Viehmann, 2015).

- **thyssenkrupp:** Die Firma thyssenkrupp startete im Jahr 2015 einen Relaunch (Bialek, 2015). Es wurden vor allem das Logo und der Firmenname angepasst. Statt wie früher Thyssen-Krupp schreibt sich das Unternehmen fortan thyssenkrupp. Der Relaunch solle dafür sorgen, die düsteren Jahre der Fehlinvestitionen hinter sich zu lassen (Bialek, 2015).

- **Google:** Die Veränderung der CI bei Google beschränkt sich auf das Logo. Das neue Logo solle schlichter sein und besser zu mobilen Geräten passen (Gyapjas, 2015). Ziel ist es auch weiterhin Marktführer zu bleiben.

- **Consorbank:** Sehr große Einschnitte sind bei der Neuerfindung der Consorbank zu verzeichnen. Der Name, ehemals Cortal Consor, sowie das Logo wurden erheblich verändert (Althoff, 2014). Hauptgrund für die Überarbeitung der CI war die gänzliche Integration in das Geschäftsmodell der BNP Paribas.

3.2 Marktstrategien

3.2.1 Marktbearbeitungsstrategie und Wettbewerbsstrategie von Kieser Training

Marktbearbeitungsstrategie: Kieser verfolgt mit seinem Geschäftsmodell die Segmentkonzentration. Hierbei konzentriert sich ein Unternehmen auf ein einziges Segment des Gesamtmarktes. Ersichtlich ist dies daran, dass Kieser sich lediglich auf Fitnesstraining konzentriert und darüber hinaus keinerlei Leistungen anbietet.

Wettbewerbsstrategie: Bislang verfolgte Kieser eher die Nischenorientierung. Mit dem alten Slogan, der eher Verbraucher mit Rückenbeschwerden lockte, erreichte man eine eher geringe Anzahl an Interessenten, hatte jedoch auch kaum Konkurrenz. Mit der Überarbeitung der CI konzentriert man sich inzwischen jedoch auf die Qualitätsführerschaft. Zwar bietet man nach wie vor nur ein beschränktes Angebot an Training an, setzt aber auf auf eine möglichst hohe Qualität der angebotenen Leistung.

3.2.2 Produkt-/Leistungsstrategien

Kieser verfolgt zum einen die Strategie der Marktentwicklung und zum anderen die der Produktentwicklung.

Marktentwicklung: Man möchte mit seinen bisherigen Leistungen neue Abnehmer erreichen. Im Fall von Kieser eine etwas jüngere Zielgruppe (30-50 Jahre).

Produktentwicklung: Auch wenn sich Kieser in seiner Leistung auf einfaches Fitnesstraining beschränkt, so wird doch auch die Produktentwicklung betrieben. Es werden neue oder verbesserte Geräte entwickelt und auf bestehende Märkte gebracht.

4 Digitalisierung der Fitness- und Gesundheitsbranche

Möglichkeiten/Trends um die Digitalisierung voranzutreiben:

- **App:** Durch das erstellen der App haben die Mitglieder den Trainingsplan immer in der Tasche. Er wird am Terminal erstellt und den Mitgliedern anschließend auf ihre App übertragen. Nach einer zuvor eingestellten Periode wird dann sowohl der Kunde als auch der Betreiber daran erinnert, dass die Trainingsplanung aktualisiert werden muss.

- **Scancodes:** Diese werden an allen Geräten angebracht. Sollte ein Kunde einmal nicht wissen wie er das Gerät korrekt bedient, muss er keinen Trainer mehr zur Hilfe holen, sondern kann den Scancode mit dem Smartphone fotografieren und sieht anschließend ein Trainingsvideo.

- **Wifi:** In erster Linie ein Plus für den Verbraucher. Er wählt sich in das kostenlose WLAN des Studios ein, muss sich jedoch zuvor registrieren. Eventueller Vorteil für das Unternehmen kann die Nutzung der Daten des Kunden sein.

- **Social Media Auftritt:** Ein guter, professioneller Social Media Auftritt, in allererster Linie bei Facebook, sorgt für eine höhere Reichweite und somit zu einem höheren Bekanntheitsgrad. Die Mitglieder können über die Sozialen Netzwerke aktuelle Informationen über Events, Neuerungen und Aktionen erfahren.

- **Videokurse:** Statt wie bisher einen Kurstrainer engagieren zu müssen tritt dieser nun virtuell über eine Videotafel auf. Dieser kann jederzeit, auch von Kleingruppen genutzt werden. Der Vorteil liegt dabei in der Unabhängigkeit der Mitglieder, sowie der Ersparnis des Studios.

Chancen und Risiken der Digitalisierung

Chancen:

- **Datengewinnung und -nutzung:** Durch die fortschreitende Digitalisierung können Unternehmen der Fitnessstudios auch immer mehr über ihre Kunden erfahren und somit schnell auf aktuelle Trends reagieren.

- **Bessere Vernetzung:** Durch eine bessere Vernetzung, speziell innerhalb von Kettenbetrieben und Franchisesystemen, können Daten schneller erhoben und daher besser genutzt werden.

- **Kommunikation über Unternehmens- und Ländergrenzen hinweg:** Über schnellere Kommunikationswege können Unternehmen in kürzester Zeit Entscheidungen treffen.

Risiken:

- **Verlust von Kompetenzen:** Durch die Digitalisierung kann immer mehr Fachpersonal eingespart und ersetzt werden. Hierbei besteht jedoch die Gefahr, Kompetenzen zu verlieren, wodurch die Qualität der Dienstleistung in Mitleidenschaft gezogen wird.

- **Gefahr durch Ersatzprodukte:** Durch das stetig wachsende Angebot an Fitnessprogrammen aus dem Internet besteht für herkömmliche Fitnessstudios ein erhöhter Erfolgsdruck.

- **Gestiegene Anforderungen an Sicherheit und Datenschutz:** Die Datengewinnung ist nicht nur eine Chance, sie birgt auch Risiken. Mit den erhobenen Daten muss äußerst sensibel und sicher umgegangen werden, da diese ansonsten in die

Hände Dritter gelangen könnten, was einen erheblichen Imageschaden zur Folge hätte.

5 Literaturverzeichnis

Autor unbekannt. (2014). Kieser Training – Imageanpassung. *Fitness Management international*, 02/14, 86-89.

Panzeri, A. (2014). Mit Köpfchen. *Werbewoche*, (05), TOP2 8-9.

Online Quellen:

Althoff, D. (2014), *„Presseinformation BNP Paribas startet Consorsbank als neue Digitalbankmarke"*, Verfügbar unter: https://www.consorsbank.de/content/dam/de-cb/editorial/PDF/Ueber-uns/Presse/Pressemitteilungen2014/PM_digitale_Marke.pdf (abgerufen am 05.03.2016)

Bialek, C. (2015), *„Neues Logo, neues Glück?"*, Verfügbar unter: http://www.handelsblatt.com/unternehmen/dienstleister/thyssen-krupp-erfindet-sich-neu-neues-logo-neuesglueck/12611492.html (abgerufen am 05.03.2016)

Fitness First, *„Über Uns"*, Verfügbar unter: http://www.fitnessfirst.de/wer-wir-sind/ (abgerufen am 04.03.2016)

Fitness First, *„Mitgliedschaft"*, Verfügbar unter: http://www.fitnessfirst.de/mitgliedschaft/ (abgerufen am 04.03.2016)

Gyapjas, A. (2015), *„Sauber, aber seelenlos"*, Verfügbar unter: http://www.faz.net/aktuell/feuilleton/medien/suchmaschine-google-wechselt-zum-6-mal-google-logo-13781385.html (abgerufen am 05.03.2016)

Tusch, D. DSSV (2016), „*Fitness-Trends 2016*", Verfügbar unter: http://www.dssv.de/home/statistik/fitness-trends-2016/ (04.03.2016)

Tusch, D. DSSV (2015), „*Eckdaten der deutschen Fitnesswirtschaft 2015*", Presseberricht Verfügbar unter: http://www.bsa-akademie.de/fileadmin/newsverzeichnis/pressemitteilungen/2015/Pressemitteilung_Eckdaten_2015.pdf (abgerufen am 04.03.2016)

Viehmann, S. (2015), „*Volkswagen ist nicht mehr „Das Auto"*", Artikel verfügbar unter: http://www.focus.de/auto/news/abgas-skandal/vw-kippt-werbe-slogan-volkswagen-ist-nicht-mehr-das-auto_id_5168488.html (abgerufen am 05.03.2016)

6   Abbildungs- und Tabellenverzeichnis

6.1   Tabellenverzeichnis

Tab.1: SWOT-Matrix (eigene Darstellung)

BEI GRIN MACHT SICH IHR WISSEN BEZAHLT

- Wir veröffentlichen Ihre Hausarbeit,
  Bachelor- und Masterarbeit

- Ihr eigenes eBook und Buch -
  weltweit in allen wichtigen Shops

- Verdienen Sie an jedem Verkauf

Jetzt bei www.GRIN.com hochladen und kostenlos publizieren